*15 Février 1913* V

VENTE AUX ENCHÈRES PUBLIQUES

HOTEL DROUOT, SALLE N° 1

**LE SAMEDI 15 FÉVRIER 1913**

*à deux heures précises*

# OBJETS D'ART & D'AMEUBLEMENT

## ANCIENS ET DE STYLE

## TABLEAUX

Porcelaines, Céramique, Verrerie, Bronzes, Pendules
Objets variés, Baromètre époque Louis XVI

## MEUBLES ANCIENS & MODERNES

Ameublements de Salon, de Salle à manger et de Chambres à coucher
Bureaux, Vitrines, Tables, Sièges, Consoles, etc.

## TAPIS D'ORIENT — TENTURE

EXPOSITION PUBLIQUE

**Le Vendredi 14 Février 1913, de 2 heures à 6 heures**

COMMISSAIRE-PRISEUR
**Me ANDRÉ COUTURIER**
*Successeur de M. Léon TUAL*
56, rue de la Victoire

EXPERT
**M. GEORGES GUILLAUME**
13, rue d'Aumale
PARIS

## CONDITIONS DE LA VENTE

Elle sera faite au comptant.

Les adjudicataires paieront *dix pour cent* en sus des enchères.

L'exposition mettant le public à même de se rendre compte de l'état et de la nature des objets, aucune réclamation ne sera admise une fois l'adjudication prononcée.

Paris. — Imp. de l'Art, Ch. Berger, 41, rue de la Victoire.

# DÉSIGNATION

## TABLEAUX

## DESSINS ET GRAVURES

BERGHEM (École de)

1 — *Berger endormi près de son troupeau.*

Toile. Haut., 24 cent.; larg., 30 cent.

BERGHEM (Genre de)

2 — *Pastorale.*

Toile.

BOTH (Attribué à Jean)

3 — *Personnages dans un paysage boisé, non loin d'un pont.*

Toile. Haut., 20 cent.; larg., 27 cent.

BOUCHER (Manière de)

4 — *Sujet galant.*

Dessin à la plume.

BOUCHER (Manière de)

5 — *Pastorales.*

Deux aquarelles circulaires se faisant pendants.

BREUGHEL (Attribué à)

6 — *Adam et Ève parmi les animaux de la création.*

Haut., 79 cent.; larg., 1 m. 45 cent.

CARESME (Attribué à)

7 — *Bacchanale.*

Esquisse sur toile.

Haut., 41 cent.; larg., 43 cent.

CAZIN (Michel)

8 — *La Vague.*

Dessin au crayon.

DENER

9 — *Tête de Vieillard.*

Toile. Haut., 37 cent.; larg., 33 cent.

HARMANN

10 — *Scène d'intérieur.*

Toile. Haut., 40 cent.; larg., 33 cent.

KAREL-DUJARDIN

11 — *Vaches au pâturage.*

Toile. Haut., 47 cent.; larg., 65 cent.

LANCRET (École de)

12 — *Le Chien et l'oiseau.*

Toile. Haut., 28 cent.; larg., 34 cent.

LEYDEN (Attribué à J. VAN)

13 — *Marine.*

Toile. Haut., 41 cent.; larg., 56 cent.

DE MARNE (Attribué à)

14 — *Paysage animé.*

Dessin à la sépia.

MEISSONIER (Genre de)

15 — *Un Garde-Mobile.*

Dessin au crayon.

METZU (Attribué à)

16 — *Jeune Femme arrosant des fleurs.*

Panneau. Haut., 25 cent.; larg., 20 cent.

MEULEN (École de Van der)

17 — *Convoi passant un gué.*

18 — *Scène de camp.*

Deux toiles se faisant pendants.

Haut., 75 cent.; larg., 1 m. 70 cent.

Cadres en bois sculpté et doré.

MIGNARD (École de)

19 — *Portrait de Femme en riche costume, accoudée à un meuble.*

Toile ovale. Haut., 70 cent.; larg., 54 cent.

PILLEMENT (École de)

20 — *Paysage accidenté avec pêcheurs au bord d'un cours d'eau.*

Toile. Haut., 44 cent.; larg., 53 cent.

PIRON (F.)

21 — *Le Maître d'école.*

Panneau. Signé à gauche du monogramme et daté : *1847*.

Haut., 33 cent.; larg., 28 cent.

POELEMBURG (Attribué à)

22 — *Personnages parmi des ruines.*

Panneau. Haut., 20 cent.; larg., 25 cent.

REMBRANDT (École de)

23 — *Tête d'Homme.*

Toile. Haut., 42 cent.; larg., 38 cent.

ROBERT (Genre de H.)

24 — *Personnages près d'un palais.*

Toile. Haut., 32 cent.; larg., 22 cent.

ROUSSEAU (Attribué à Th.)

25 — *Le Vieux chêne.*

Dessin au crayon noir.

ROUSSIN (Blanche)

26 — *Portrait de Femme.*

Pastel. Signé à gauche en bas.
Cadre en bois sculpté et doré.

SALVATOR (Rosa)

27 — *Paysage.*

Toile. Haut., 20 cent.; larg., 25 cent.

SWEBACH (École de)

28 — *Cavaliers et charrette sur la route.*

Toile. Haut., 40 cent.; larg., 58 cent.

VERNET (École de JOSEPH)

29 — *Pêcheur au bord d'un fleuve.*

Toile. Haut., 31 cent.; larg., 41 cent.

ÉCOLE ALLEMANDE

30 — *Tête de Vieillard.*

Toile. Haut., 44 cent.; larg., 36 cent.

ÉCOLE FLAMANDE

31 — *Le Festin.*

Panneau.

ÉCOLE FLAMANDE

32 — *Le Marchand de légumes.*

Toile.

ÉCOLE FLAMANDE

33 — *Choc de cavalerie.*

Panneau. Haut., 55 cent.; larg., 80 cent.

ÉCOLE FRANÇAISE (XVIII^e^ siècle)

34 — *Le Savant.*

Panneau. Haut., 25 cent.; larg., 20 cent.

ÉCOLE FRANÇAISE (XVIII$^e$ siècle)

35 — *L'Oiseau en cage.*

Dessin au lavis d'encre de Chine.

ÉCOLE FRANÇAISE (XVIII$^e$ siècle)

36 — *La Surprise.*

Dessin à la plume.

ÉCOLE FRANÇAISE

37 — *Laveuses dans un paysage, près d'une cascade.*

Toile. Haut., 68 cent.; larg., 59 cent.

ÉCOLE FRANÇAISE

38 — *Femme entourée de fleurs.*

Toile. Haut., 36 cent.; larg., 29 cent.

ÉCOLE FRANÇAISE

39 — *Personnages sur la route.*

40 — *Vue d'un lac.*

Deux toiles se faisant pendants.

Haut., 27 cent.; larg , 39 cent.

ÉCOLE FRANÇAISE

41 — *Allégories.*

Deux toiles se faisant pendants.

Haut., 98 cent.; larg., 76 cent

ÉCOLE FRANÇAISE

42 — *Sujet galant.*

Toile. Haut., 35 cent.; larg., 38 cent.

ÉCOLE FRANÇAISE

43 — *Portrait de Femme assise.*

Toile-médaillon.

Haut., 31 cent.; larg., 28 cent.

ÉCOLE FRANÇAISE

44 — *Nature morte.*

Toile.

ÉCOLE FRANÇAISE

45 — *Paysage boisé, baigné par un cours d'eau.*

Toile.

ÉCOLE FRANÇAISE

46 — *La Promenade dans le parc.*

Petite toile.

ÉCOLE FRANÇAISE

47 — *Le Remède.*

Dessin aux deux crayons.

ÉCOLE FRANÇAISE

48 — *La Vierge à la rose.*

Aquarelle.

ÉCOLE FRANÇAISE

49 — *Buste de Femme.*

Dessin au crayon noir.

ÉCOLE FRANÇAISE

50 — *Portrait d'Homme portant une décoration.*

ÉCOLE ITALIENNE

51 — *Cours d'eau au milieu des montagnes.*

Toile.

ÉCOLE ITALIENNE

52 — *Le Sommeil de l'Enfant Jésus.*

Toile.

ÉCOLE ITALIENNE

53 — *Un Saint.*

Grande toile.

ÉCOLE ITALIENNE

54 — *Episode de bataille.*
Panneau.

ÉCOLE ITALIENNE

55 — *Vue de Naples.*
Pastel.

ÉCOLE MODERNE

56 — *Vache à l'abreuvoir.*
Toile. Haut., 48 cent.; larg., 68 cent.

INCONNU

57 — *Portrait d'un Homme d'État.*
Toile. Haut., 1 m. 30 cent.; larg., 95 cent.

INCONNU

58 — *Tête de Femme, coiffée d'une capeline.*
Toile. Haut., 48 cent.; larg., 35 cent.

INCONNU

59 — *Paysage.*
Gouache.

INCONNU

60 — *Le Retour du marché.*
Fixé.

61 — Lot de dix-sept dessins de l'Ecole française du XVIIIe siècle, non encadrés. Mines de plomb, sanguines, gouaches, lavis, etc. (Sera divisé.)

62 — Quatre gravures anciennes en noir : les Quatre Saisons, par LE VASSEUR.

63 — Dessin au crayon : Portrait de jeune fille. Signé : *Lanquet, 1843.*

64 — Gravure ancienne, dans son cadre Empire.

65 — Deux gravures anciennes en noir : Enfants.

66 — Lot de gravures de mode, anciennes. (Sera divisé.)

67 — Lot de gravures anciennes. (Sera divisé.)

68 — Deux gravures coloriées, par KLEINER.

## PORCELAINE, CÉRAMIQUE

## VERRERIE

69 — Tasse et soucoupe en porcelaine de Chine, décors de fleurs.

70 — Tasse et soucoupe en porcelaine de Saxe, décors d'oiseaux.

71 — Deux petits pots en porcelaine blanche de Paris.

72 — Deux petits cache-pots en porcelaine décorée.

73 — Cabaret contenant six flacons en cristal.

74 — Quatre flacons en cristal taillé.

## ÉVENTAILS, MINIATURES
## LIVRES
### OBJETS DE VITRINE, OBJETS VARIÉS

75 — Grande miniature rectangulaire, représentant Fanchon la Vielleuse, dans un fond de paysage.

75 *bis* — Petite gouache ovale, par Van Blarenberghe : Scène de bataille.

76 — Petite gouache, dans le genre de Swebach : Chevaux et amazone devant une tente.

77 — Six panneaux de taffetas crème, décorés à la gouache de sujets galants, d'après Huet et Boucher. xviii^e siècle.

78 — Éventail à monture d'ivoire partiellement doré ; feuille décorée à la gouache d'un médaillon central à sujet galant et de fleurs dorées en réserves sur fond bleu. xviii^e siècle.

79 — Éventail Louis XVI, décors fleurs et paillettes ; monture ivoire.

80 — Coffret-pupitre en laque noir et or, décoré de paysages et de fleurs. Travail chinois.

81 — Glace-trumeau. Cadre Empire en bois peint en blanc, avec ornements en bronze.

82 — Glace. Cadre Louis XVI en bois peint.

83 — Deux lampes à électricité en porcelaine craquelée ; monture en bronze.

84 — Petite miniature ovale : Portrait du général Morin, à l'âge de dix-huit ans. Cadre en bronze ciselé et doré.

85 — Miniature ronde : Portrait d'homme, cerclée en bronze doré avec cadre en bois noir. Empire.

86 — Miniature : Portrait de femme. Cadre noir avec cercle en bronze doré. Époque Empire.

87 — Miniature : Portrait de jeune femme en costume Empire. Cadre noir.

88 — Miniature : Portrait de femme en corsage bleu.

89 — Petit fixé : Portrait de Napoléon III. Cadre ovale.

90 — Six boutons anciens en acier.

91 — Calice en argent.

92 — Lot de livres anciens. (Sera divisé.)

## BRONZES, PENDULES

93 — Importante garniture de cheminée en marbre bleu turquin, ornée de bronzes patinés et dorés; elle comprend : une pendule en forme d'édifice, flanquée de cariatides, de volutes et surmontée d'un vase, et deux candélabres présentant des femmes enlacées, d'après FALCONNET, supportant un faisceau de huit lumières. Style Louis XVI.

94 — Garniture de cheminée en marbre vert et bronze ciselé et doré, composée de : une pendule et deux candélabres. Époque Restauration.

95 — Pendule à colonnes en acajou et bronze doré.

96 — Deux flambeaux en cuivre. Époque Restauration.

97 — Pendule en bronze ciselé. Attributs : La Physique et la Chimie. Époque Empire.

98 — Pendule en bronze doré, sous globe. Allant 400 jours.

99 — Pendule électrique, sous globe.

100 — Garniture de cheminée en marbre rouge et bronze.

101 — Pendule avec socle, bois noir.

102 — Six paires d'appliques en bronze doré. (Seront divisées.)

103 — Grand lustre en bronze doré. Style Louis XV.

104 — Autre lustre plus petit en bronze doré. Style Louis XV.

105 — Grand lustre en bronze et cristaux.

106 — Deux appliques assorties.

107 — Deux anciennes girandoles en cuivre, ornées de cristaux.

108 — Grande lanterne d'antichambre en fer forgé.

109 — Petite lampe juive en bronze patiné.

110 — Samovar en cuivre. Époque Empire.

111 — Deux flambeaux Louis XVI en bronze.

112 — Statuette en bronze patiné : la Cigale. Signée : *J. Cambos 1865.*

113 — Statuette en bronze patiné : Un gros chagrin. Signée : *Madrassi.*

## TAPIS D'ORIENT, TENTURES

114 — Tapis, à dessins réguliers sur fond rouge et bordure noire. XVIII$^e$ siècle.

Dimension : 3 m. 85 cent. sur 1 m. 85. cent.

115 — Tapis, à réserves de losanges beiges sur fond rouge et bordure blanche.

Dimension : 3 m. 35 cent. sur 1 m. 70 cent.

116 — Tapis, à fleurettes sur fond rouge, avec quatre losanges au centre et bordure multicolore.

Dimension : 2 m. 80 cent. sur 1 m. 40 cent.

117 — Tapis, à décor de losange au centre sur fond bleu à dessins géométriques et bordure jaune.

Dimension : 2 m. 90 cent. sur 1 m. 57 cent.

118 — Tapis velouté, à décor de fleurs sur fond gros bleu et bordure rouge.

Dimension : 2 mètres sur 1 m. 24 cent.

119 — Tapis velouté, à décors d'entrelacs rouge sur fond gros bleu et bordure claire.

Dimension : 1 m. 80 cent. sur 1 m. 32 cent.

120 — Tapis, à décors variés sur fond gros bleu et bordure rouge marquée d'une inscription dans un angle.

Dimension : 2 mètres sur 1 m. 10 cent.

121 — Tapis de galerie, velouté, à médaillons carmin sur fond bleu et bordure jaune.

Dimension : 4 m. 65 cent. sur 1 mètre.

122 — Tapis de galerie, velouté, à réserves géométriques bleues sur fond à quadrillage rouge et fleurettes ; bordure rouge et crème (coupé).

Dimension : 3 m. 50 cent. sur 1 mètre.

123 — Tapis de galerie, à dessin de fleurs et losanges sur fond crème et bordure rouge.

Dimension : 3 m. 50 cent. sur 1 m. 3 cent.

124 — Deux tapis de galerie, haute laine, à décors variés sur fond gros bleu et bordures rouges.

Dimension : 4 m. 75 cent. sur 98 cent.

125 — Encadrement de tapis d'Aubusson, à décors de fleurs.

126-127 — Deux carpettes en moquette.

128 — Lot de rideaux de tenture, étoffes diverses. (Sera divisé.)

# MEUBLES

## OBJETS D'AMEUBLEMENT

129 — Grand bureau Louis XVI à cylindre en acajou, posant sur quatre pieds cerclés de cuivre et surmonté d'une galerie en cuivre ajouré.

130 — Ameublement de chambre à coucher en bois laqué gris, de style Louis XVI, comprenant : lit de milieu, armoire à glace à deux portes, table de nuit, deux chaises.

131 — Ameublement de chambre à coucher en marqueterie et bronzes dorés, comprenant : un grand lit de milieu, une armoire à glace et une table de chevet. Style Louis XVI.

132 — Ameublement de salle à manger en noyer ciré et sculpté, comprenant : un buffet, deux dessertes, une table avec ses allonges et dix chaises-escabeaux.

133 — Cabinet en marqueterie d'ivoire, à treize tiroirs ornés de mascarons et poignées en cuivre doré, reposant sur pieds-chimères. Époque Louis XIII.

134 — Vitrine, en forme rectangulaire, posant sur une table en bois sculpté et doré. Style Louis XVI.

135 — Guéridon, de forme circulaire, en acajou, dessus de marbre blanc, posant sur trois pieds à cannelures de cuivre et munie d'une galerie de cuivre ajouré. Style Louis XVI.

136 — Petite table Louis XVI en bois de placage marqueté.

137 — Deux fauteuils Henri II en bois naturel mouluré.

138 — Deux fauteuils en bois sculpté et doré, recouverts en velours et broderies anciennes. Ancien travail italien.

139 — Baromètre en bois sculpté et doré. Époque Louis XVI.

140 — Ameublement de salon en acajou, recouvert en velours grenat, composé de : un canapé, six fauteuils, deux bergères. Époque Restauration.

141 — Ameublement de chambre à coucher en acajou, orné de bronzes dorés, composé de : un lit, une commode, un secrétaire-chiffonnier. Époque Empire.

142 — Console en acajou, avec ornements en bronze. Époque Empire.

143 — Console à colonnes en acajou et bronzes. Époque fin Louis XVI.

144 — Canapé en acajou, recouvert en velours. Époque Empire.

145 — Rouet ancien.

146 — Siège ancien, de forme X, en merisier.

147 — Six chaises en acajou, recouvertes en velours. Époque Empire.

148 — Quatre chaises en bois naturel. Époque Restauration.

149 — Petite console ancienne en bois sculpté et doré.

150 — Secrétaire en acajou et bronzes patinés, têtes de femmes. Époque Directoire.

151 — Lit en acajou. Empire.

152 — Table de nuit en acajou, pieds griffes de lion.

153 — Table de nuit en acajou, avec appliques en bronze.

154 — Vitrine plate en palissandre et filets en cuivre.

155 — Une table-bouillotte en acajou, pieds à sabots et filets de cuivre. Louis XVI.

156 — Petit bureau, dos d'âne, en acajou. Louis XVI.

157 — Deux consoles en acajou et filets de cuivre. Époque Louis XVI.

158 — Coiffeuse en bois laqué blanc. Époque Louis XV.

159 — Guéridon en bois doré, à dessus de marbre, surmonté d'une lampe.

160 — Table-guéridon en bronze ciselé et doré, à dessus de marbre.

161 — Causeuse en bois doré, recouverte en étoffe brochée.

162 — Petite table Louis XV, en bois de rose et palissandre.

163 — Petite table de chevet Louis XVI en bois de rose.

164 — Petite commode, de forme mouvementée, en marqueterie de bois de rose; chutes, entrées de serrure en bronze ciselé et doré. Dessus de marbre brèche. Époque Louis XV. Estampillé : *H. Hansen.*

165 — Table de salon en bois sculpté et doré, à quatre pieds cambrés. Dessus de marbre. Style Régence.

166 — Armoire-bibliothèque, ouvrant à deux portes à glace, en chêne sculpté.

167 — Ameublement de salon en noyer ciré, recouvert en panne verte : canapé, deux fauteuils, quatre chaises. Style Louis XIV.

168 — Canapé et deux fauteuils en noyer, recouverts en velours de Gênes. Style Louis XVI.

169 — Deux fauteuils en noyer, recouverts en velours vert. Style Louis XV.

170 — Trois fauteuils et quatre chaises en palissandre et velours bleu. Style Louis XV.

171 — Pouf carré, recouvert en velours rose. Ciselé.

172 — Douze chaises légères, diverses, en bois doré.

173 — Petit bureau de dame en noyer rehaussé d'or, formant écran.

174 — Quatre sièges. Style italien de forme X.

175 — Gaine en bois noir et décors en porcelaine, formant meuble.

176 — Liseuse en acajou et bronzes.

177 — Deux gaines en noyer. Style japonais.

178 — Table à jeu en noyer, à développement.

179 — Table de salon en noyer ciré. Style Louis XV.

180 — Table en noyer, à deux tiroirs.

181-182 — Deux paravents. Styles Louis XV et Louis XVI.

183 — Gaine en marbre noir.

184 — Objets omis.

www.ingramcontent.com/pod-product-compliance
Ingram Content Group UK Ltd.
Pitfield, Milton Keynes, MK11 3LW, UK
UKHW032031260826
14628UKWH00006B/2875